서울詩壇 시선 268

커밍아웃

오흥국 시집

문예운동사

시인의 말

詩를 쓴다는 것

아내가 시래기를 다듬는 이유와 같다
맛있는 배추김치를 담그고 남은
내가 좋아하는 깍두기 담그고 남은
내가 진짜로 좋아하는 총각김치에 들어가는 무청
시래기로 끓인 맛 깊은 음식처럼
아무리 세월이 흘러도 버리지 못하는
기억에 대한 그리움이다

시를 쓴다고 핸드폰에 써놓고도 얼마 지나지 않아 어디에 있는지 찾는데 애를 먹는다
눈이 잘 보이지 않으니
시를 써놓고 잘 읽기도 어렵다
두서너 줄을 넘어가면 눈에 들어오지도 않는다

어쩔 수 없이 오랫동안 써놓은 시를 정리하고 시집으로 엮으려면 도움의 손길을 청할 수밖에 없다
헬렌켈러의 손을 잡고 세상으로 이끌어낸 셀리번처럼

그러니
오직 감사로 기도할 수밖에.

목차

목차

제2부

제3부

목차

제4부

제1부

작은 씨알 하나가

작은 씨알 하나가
풀꽃이 되고
네가 좋아하는 꽃밭이 되고

작은 씨알 하나가
꽃나무가 되고
네가 좋아하는 작은 공원이 되고

작은 씨알 하나가
키 큰 나무가 되고
네가 좋아하는 숲속 학교가 되고

작은 씨알 하나가
詩가 되어 자라고
네가 좋아하는 빛그림 詩畫集이 되고.

해당화

문득 문득
불어오는 모래 바람에
그리운 바닷가 언덕배기
눈물로 얼굴 붉어진 찔레꽃
푸석푸석 솜털 가시 속에는
마른 바다내음 가득하다.

소나기

두꺼운 공기층을 깨부수며 달려오는
무수한 발길들이
나를 에워싸더니 어디론가 후다닥 몰고간다
우두커니 섰다 어쩔 줄 모른다고 끌려가다 문득,
마주대고 앉은 유년의 따뜻한 등이 기억한다

유난히 흰 그 아이의 목덜미

빼앗긴 기억이 빗줄기가 되어 흐른다
그날처럼.

그리운 얼굴

잊으라시길래
애써,
잊으려 했는데
자꾸만 생각나는
그대의 따사로운 음성

차마,
멈출 수 없는 발길 돌려
뒤 돌아봅니다

빙그레 웃는 그대 얼굴
잊을 수가 없어서.

커밍아웃

여럿이 모여서 이야기할 때
그것도 눈이라고 달고 다니냐면서 놀린다
눈 작은 이에게

단추구멍같은 작은 구멍으로도
볼 건 다 본다고 넘어가지만
사실 그 속 안은 어떨까
'누군 그리 생기고 싶어 생겼나'
남들 보기엔 예쁘게 생긴 눈
멀쩡히 두 눈 뜨고도 다 못 보는 게 사철인데
말하기 전엔 아무도 모른다

사실,
한 눈 밖에 안 뵈거든
그래서 늘 편견을 가지고
삐딱하게 보는 경우가 많아 근데,
양눈이 잘 보이면서도
세상 이상하게 보는 건 정말 이해하기 힘들어
게다가 앞 뒤 좌우 길이 재기가 참 힘들어
이리저리 재가며
제 앞가림 잘해가는 걸 보면 참 부러워

한 눈마저도
요강만큼만 희미하게 뵈니
여간 불편하지 않아
조심조심 더듬으며 걸을 수밖에
아직 많이 다니고 싶은
두 다리 든든한데 말이야

눈이 어두워지면
귀가 밝아진다 했는데
사실 입술이 먼저 어눌해 지거든
그래 늘 하고픈 말
입 속에서 우물우물 되새김질하다
걸리적거리는 것 있어
어쩌다 툭 툭 내뱉으면 날아가는 살이 되고 바늘이 되어
따오기 사냥을 하게 되지
근데, 진짜 힘든 건
사람을 앞에 두고도 잘 몰라봐
길 가다 사람이 오면 그냥 웃으며 목례를 하지
날 아는 이면
뭐라 말 건넬 테고 아님,
그냥 지나칠 테니

그러니 혹여라도 날 스쳐 지날 땐
꼭 불러 아는 체라도 해주면 좋겠어
남들 보기엔 이쁘게 생긴 눈
멀쩡히 두 눈 뜨고도 다 못 보는 게 사실인데
먼저 말하기 전엔 아무도 몰라
그래, 날 좀 잘 봐 달라고
얘기하는 거야
아는 체해달라고 말이야.

봄의 자리

언제나 내 마음보다 먼저 가서
자리 펴고 있는
그 곳

햇살이 참 따스합니다.

詩人의 동네

따문따문 쓰여지던
詩는 사라지고
그림 같은 글씨만
화폭에 휘날리더니
詩 쓰던 詩人은 어디로 간데 없고
화려한 차림의 낭송가만
무대 위에 섰다.

詩人이 사라진 동네
낭만이 없다.

질투

하늘은
마음껏 퍼 담아가라고
언제나 빈 곳 하나 없이
가득 채워놓고
바다를 내려다보고

바다는
실컷 퍼 담아가라고
언제나 눈높이보다 더 높이
수평선을 그어두고
하늘을 올려다보고

서로 보기만 한다
실눈 크게 뜨고.

해

스르륵
잠이 든다
종일 쬐다가
따사로운 햇살.

오래된 우물

아주 오래 전
까마득한 기억 속에 남은
이야기 하나가 거미줄에 걸렸다

금역을 지나 동산 숲이 된
큰 집 긴 담장 옆 우물
아직도 허락되지 않은 닫힌 하늘을 열었다

시커멓게 눌어붙은 시간을 걷어내고
오래된 이야기 길어 올린다
하나 둘 건져 올릴 때마다 흘리는 눈물
우물은 더 깊어진다

그 때 그 아이가 너였구나
물고기 잡아와 우물에 넣던
물고기가 사라졌다고 울던
물고기 찾으러 우물에 들어가던
다시는 볼 수 없었던
닫아버린 뚜껑 때문에
그 때 그 아이가 너였구나

오래된 우물은 마르지 않는 연못이 되고
크고 작은 물고기
떼를 지어 어울려 노는데
물고기 찾으러
우물 속으로 들어간
그 때 그 아이
아직 나오지 않았다.

세 손가락을 위한 연주

엄지 찍고 검지 찍고
장지로 되돌아가는
세 손가락을 위한
건반 연주 해볼까

미미 렐레 도도 렐레 미미 렐레 도도 렐레
미미 렐레 도도 렐레 미미 렐레 도도 렐레
미 레 도
다시 한 번 더 해볼까
미미 렐레 도도 렐레 미미 렐레 도도 렐레
미미 렐레 도도 렐레 미미 렐레 도도 렐레
미 레 도

노랫말도 경쾌하게
함께 불러볼까
따라 할래 따라 할래
나도 따라 사랑 할래
따라 할래 따라 할래
나도 따라 사랑 할래
주 예 수
다시 한 번 더 신나게

따라 할래 따라 할래
나도 따라 사랑 할래
따라 할래 따라 할래
나도 따라 사랑 할래
주 예 수

멋지다 할렐루야!

강가에서

첫 눈 오는 날

다 담지도 못하는 그릇 들고와서
마시지도 못할 물 떠놓고
퍼질러 앉아 펑펑 웁니다

강가에서

공정과 공의

입장이 바뀌면
공 수 교체하듯 싹
안면을 바꾼다
선과 악의 기준도
손 저울 잣대를 돌려놓고 확 뒤집는다
그러고는 공정이라 우긴다
기준이 없다

공의는 기준이 하나 뿐
선한 것은 선
악한 것은 악
선한 열매는 천국
악한 열매는 지옥
오직, 하나님의 기준 안에서
심판할 뿐.

푸른 희망

군말 없이
고단한 삶의 무게를
온전히 감싸주는
속 깊은 작업화
오늘이 유난히 새삼스럽다

극도로 긴장된 다리 근육으로
최대한 이완된 동작으로
발을 내딛다가 문득,

찢어진 유리창 틈 사이로
스며드는 햇살은
보이지 않는 이 에게는
더 이상 빛이 아니었음이
당혹스럽다

그래도 얇게 열린 하늘은
여전히 푸르다
푸른 바다도 보고프다.

닫힌 맘 여는 법

말 없이 그냥
멀리서 바라보다
아주 오랫동안
시간이 흐르면서 문득,
얼굴이 마주치면 한 발짝 다가서고
눈이 마주치면
웃으며 또 한 발짝 다가서고
눈이 마주치면
웃으며 또 한 발짝 다가서고
그러다가 그러다가
웃음이 마주치면
가까이 다가가서 살짝 묻는다
네 맘은 어디에 있니?

삶의 무게

눈에 시리도록 노랑 선
발바닥 지리도록 밟고 다니면서
하루도 성한 날 없는
정강이를 끌어안고 운다
영문 모르는 지나는 이
보이지 않는 눈길은 아랑곳없다

아프다 정말 아프다
깊은 작업화 속에 담긴
삶의 무게는
아프다.

삶의 무게 · 2

한 점 없는 바람에도
제 무게 못이겨 떨어지는 목련
둔탁한 소리
철퍼덕 털석 투둑
해 그림자에 부서지고

제일 좋아해서가 아니라
제일 눈에 띄는
노랑 개나리가 좋아서

지겹도록 노랑 선을 밟고 다니다가
성한 날 없는 정강이 감싸다가
발바닥이 저려오면
그냥 서서 한참을 운다
하늘 보고 땅을 보고
지나는 이들 보든 말든.

버려진 시간

천국의 시계에는
시간이 필요없을거야
평화가 넘치니

지옥의 시계에도
시간이 필요없을거야
희망이 없으니

세상에 널린
버려진 시계에는 시간이 많다
소망으로 사랑으로
다 고쳤으면...

사랑은 말이야

만능 선생은 늘 그런다
자꾸만 인색해지는
날 타이른다

아니야, 아니야
사랑은 말이야
나누는 게 아니야
그냥, 주는 거야
거저 받았으니
나누지 말고
그냥, 주는 거야.

해바라기

둥글다
환하게 웃는다
닮았다

그저 좋아서
닮고 싶어서
자꾸만 올려 보다 보니
점점 더 닮아 갑니다

하늘바라기가 됩니다.

2월, 청춘이구나
– 첫 번째

발그레한 아이 얼굴에 솟은
여드름처럼
키가 크고파 안달난 나뭇가지 끝에
불쑥불쑥 내미는 詩語를 단
2월, 청춘이구나.

2월, 청춘이구나
- 두 번째

따스한 햇살이 닿는 곳
꽃나무가 심긴 화분만 보면
자꾸 물을 주고픈 마음이
불끈불끈 용솟는 걸 보니
2월, 청춘이구나.

2월, 청춘이구나
– 세 번째

꽃,
어디 한 번 잘 피워봐라
내 가만 놔두나

때로는 따사로운 입김으로
호오 호오 달래다가
때로는 사나운 콧김으로
피잉 피잉 날릴 듯한 변덕쟁이
2월, 청춘이구나

2월, 청춘이구나
– 네 번째

볕뉘 쬐려고
이 구석에서 저 구석으로 옮겨가며
쪼그리고 앉았더니
멀리서 들리는 꽃 소식에
아직 남은 두엇 훌쩍 건너 뛰어
쏜살같이 달려가는
참견쟁이
2월, 청춘이구나.

제2부

카멜리아 샤넬

당신네가
서글픈 사랑 타령으로
눈물이나 짜내고 있을동안

그네들은 향수를 뽑아내
당신이 사랑하는 여인네 가슴을 울리고 있다네

어쩔텐가
마냥 투덕투덕 떨어지는
꽃을 주워모아
♥나 만들고 있을라나

내 맘에는 벌써,
눈물나고 피가 나는데.

아내의 향기

남으로 난 창이 열려 있으니
앉은뱅이 책상에 앉아서도
햇살이 드나는 것을 아니
계절이 오가는 것도
바람이 전하는 세상 소식도
다 아는데

혹여나
그대 마음 여닫는 소리
미처 못들을까 봐
철마다 달리 피는 꽃
화분에 심었더니
오늘도
꽃향기 방 안에 그윽하다.

홍어

삼겹살, 신 김치
한꺼번에 싸봐도
숨길 수 없다

빽빽한 탁주 한 사발
목구멍에 들이부으니
그제사
콧구멍 뚫어
눈물 길 만드는
서쪽 얕은 바다 바닥 긁고 사는
마름모꼴 인생아

못내 지워지지도 않는…

추억 여행 · 2

회유하는 은어같이
낙동강 거슬러 오르는
무궁화 열차 속에서

불현듯
지나쳐버리는 입간판처럼
빤히 보이는 앞에서
으스러지는 해처럼

한 사람은
말 많은 화가가 되고
또 다른 한 사람은
말 없는 시인이 되어
쭈~욱 늘어놓는 자식 자랑이

사랑이라 해도 좋고
우정이라 해도 좋다
여태도 그대로
모르는 사람이 아닌 채로
살아있음에 참 감사할 뿐.

엉뚱한 그리움

새벽녘에 뜬금없이 전화기로
부고 문자를 날려보낸 친구
아침도 챙겨 먹는 둥 마는 둥
서둘러 들이닥친 장례식장
평소와 전혀 다른 근엄한 얼굴이다
아!

저 얼굴 보고 문 나서면
열흘도 못되어 습관처럼 눌러대던
전화번호 하나가 사라진다
얼마 더 지나지 않아
주소록에 새겨진 이름 하나도 지워지더니
오늘 처음 본 낯선 얼굴 마저도
기억에서 사라진다

아!
그저.
엉뚱한 그리움만 하나 더 늘어난다.

말

너무 많으면 빨갱이
너무 잘하면 사기꾼

그냥,
미사여구 없이
좋은 말로 짧게

詩처럼.

權力

비록
칼집에 들어있을지라도

누구 하나
베지도 찌르지 않아도

다 안다
좋은 칼의 위력을.

策士

앉은뱅이 책상 위에
책상다리 하고 앉아
긴긴 생각 하다 하다

언제 어디서 달려들지 알 수 없는 적을
보지도 않고 꿰뚫어 보아야 한다
문 밖을 나서면
하늘과 땅을 바다와 바람을
손바닥 위에 얹어놓고 주물러야 한다
한데, 지금은
아무것도 하기싫다

통영에서
툭 뜯어온 유자나무
곁가지 기다란 가시로
마른 이빨 사이만 긁고 있다.

조약돌이 산에게

바닷가 작은 조약돌이
개울 옆의 작은 돌 산을 보고 그러기를
“내가 이래 봬도
옛날엔 네 뒤의 큰 산 만 했단다”

그럴지도 모르는 일이지요
나도 그랬으니까요.

분배의 이유

사람이 나누는 일은
누가
왜
무엇을
언제
어디서
어떻게
칼질 하느냐에 따라서
다 다르다

하지만,
하늘에서 뿌려지는 아침 햇살은
언제나
어디에서나
누구에게나
다 똑같다 이유없이.

갈릴리에서처럼

모닥불 타닥타닥
노릿노릿 생선 굽는 냄새
모락모락 김이 오른다

얘들아 어서 와서 조반 들자

수련회 마지막 밤 지새우며
목놓아 부르는 찬양
울부짖는 기도 소리 잦아들 무렵
새벽을 알리는 닭 울음 소리 들릴 때
제자를 부르는 소리 다정도 하여라

눈물로 씻어도
아무리 씻어내도 씻기지 않는
미련의 자국
갈릴리에서 처럼 번진다.

내 나이 세는 법

까마귀를 먹은 것도 아닌데
자꾸만 내 나이가 헷갈려
절대 변하지 않는 기준을 정한다

아버지와 나이 차이가 자꾸 멀어져도
그 정도는 셀 수 있다
엄마 나이와 간격이 점점 더 좁혀져 가니까
그나마 다행이기는 하다
얼마 지나지 않아 그 자리도 지나칠테지만
그 정도는 셀 수 있으니 아무 염려없다

작년엔 아버지 나이보다 열여섯 많고
엄마보다 열일곱 적었으니
올해는 열일곱 많고 열여섯 적어졌으니
순서만 뒤바뀌었을 뿐
내 나이 기억하기가 더 쉬워졌다

그러고 보니 내 나이가 고무줄이네
늘었다~ 줄었다 줄었다~ 늘었다 고무줄 나이.

별꽃 되어 내려온 별

달아 달아 밝은 달아
칠흙같이 깜깜한 밤 밝혀주는 예쁜 달아
어찌하여 뱅글뱅글 맴돌던 별 어디 가고
너만 홀로 길 밝히나

하하 호호 허리 숙여 네발 아래 둘러 보렴
빼곡 빼곡 반짝 반짝 빛나는 별 보이잖니
눈 어두운 네 발걸음 넘어질라 부딪칠라
옹기종기 모여앉아
반짝 반짝 불 밝히려 별꽃 되어 내려갔지
하하 호호 반짝 반짝
별꽃 되어 내려왔네

뒤가 없는 계단에 앉아서

누구든지
무엇이든지
언제나
꿈꾸고 이룰 수 있는
그 곳을 향하여
뒤가 없는 계단을 힘겹게 오르다
잠시, 걸터앉아 쉬면서 뒤돌아 본다

올 한 해 참 재밌다

수녀를 꿈꾸던 스무살 처녀와
해외 입양을 결심한 아이 셋 달린
서른 훌쩍 넘은 홀애비 전도사
신부의 길 준비하던 성품 고운 아이와
그를 동경한 초등학교 교사
사랑 이야기가 사십 년 강물 되어 흘러 간다
비파할미가 되고 광야에서 외치는 자가 되고
맑은 술에 빠진 만능이 되고 전도사가 되고…

대구서 밀양으로 욕지로 통영으로 대구로
오가며

방촌신사는 그렇게 재밌을 수가 없다

한참 쉬었으니 또 계단을 오르려 한다
다음 쉴 때도 뒤 돌아보면 더욱 재밌었음 좋겠다.

바늘 귀로 들어간 낙타

사막에서 낙타가
바늘 귀를 지나가는 것 봤소?
나는 봤소

낙타가 바늘 귀를
뚫어져라 뚫어지게 바라보더니

갑자기,
낙타가 바늘 귀 속으로
쑤욱 걸어 들어가지 뭡니까

근데, 신기한 건
바늘 귀로 걸어 들어간
낙타도 바늘도 온 데 간 데 없이
사라지고 없지 뭡니까

나도 낙타를 따라
바늘 귀 속으로 들어가려고 뒤따라 가는데
이 광활한 사막에서 바늘을 어찌 찾겠소

혹, 사막에서

바늘 귀를 지나온 낙타가 바늘을 보거든
꼭, 내게만 일러주시오
그건 분명, 내 낙타요
물론, 사례는 충분히 하리다

누구,
사막에서
바늘 귀로 들어간
낙타를 못보았소?

裸木

竹巖 이 경 로

雪寒을
견디고져
잎새는 떨궜으나

가지에 앉은 잔설
한풍도 버겁거늘

낙엽 속
발등만 덮고
시림 어이 견딜꼬.

裸木에게

낙엽 속
언 발 아래
얼지 않는 땅 있으니

염려랑 털어내소서
눈 녹여 얼음 녹여

흐르는
물이 되어서
그대 발등 적시리.

* '裸木'에 대한 답시

꽃이라서 좋다

꽃이라서 좋다
처음 본 순간처럼
그 모습 그대로 지워져서
그냥, 좋다

하나 둘 셋
마음 흩날리는
꽃잎이 아니라서
더욱 좋다

가끔씩, 아주 가끔씩
보고픈 얼굴 떠올릴 수 있어서
차암 좋다

동백꽃이라서.

生命이야기

생명
참 신비로운 이야기

아주 작은 점 하나가
길게 선을 이루어 자라더니
제법 자리까지 차지하고
모양새를 갖추더니
소소한 공간을 만들어
그늘을 키우더니
한 순간에 털어버리고
훌~쩍 뛰어내리더니
또 다시 하나의 새로운 점이 되는
아주 신비한 생명 이야기
지금까지도 이어지네요

한 번 들어보실래요?

콩 심은 데 콩 나고

어른이 어른다워야
아이도 아이다울텐데
어른이 못된 아이마냥 구니
아이도 못난 어른 흉내 낼 밖에

어른이 어른답게 살아야
아이도 아이답게 살지요.

가난 증명서

없다
없다
정말,
때려죽어도 없다

아무것도 없는데 그 없는 걸 증명하란다

잔고증명
거래내역서는 떨어지는 눈물 방울
숫자에 얼룩진다
수수료 낼 돈도 없는데

가슴마저 비어버렸다
긴급생계자금지원 신청 하라길래
신청하러 왔는데...

감에 얽힌 전설

한여름 내내 옷이란 옷에는
온통 감물을 들이고 들어오는 손주에게
감이 그리 좋으냐 물으시고
온 동네 할배들에게 내리신 외할아버지의 엄명

내 손주 손 닿는데는 뉘 집을 막론하고
감 따도록 놔둬라
대신, 나무에는 절대 오르지 못하게 하고!
나중에 가을하고 셈 치름세

그 해 가을의 전설
된서리가 철 철 녹아 내리도록
온 동네 감나무엔 홍시가 하나도 없었지

외갓집 머슴 어버버 두하이 아제가 일러준
대나무 장대 만드는 법이
감 욕심을 한껏 채우게 했지

감나무에 오르지 말라신 명의 깊은 뜻
다 자라서야 알게 됐지
생 감나무는 유약하나

마른 감나무는 견고하다

밀양 상동 형님네서 보내온 물홍시
감에 얽힌 전설을 기억나게 하네.

햇살교를 건너며

하루 밤 새
가을을 삼켜버린 안개는
아침이 되어도 묵묵부답
내놓을 생각이 도무지 없나 보다

제법 두툼한 외투를 걸쳐도
전혀 무게감을 느끼지 못하는
소박한 체구처럼
도로 위의 가로수도 한여름 나기가
그리 녹록치는 않았나 보다

금호강 햇살교 위에
새로운 섬이 생겼다는 소문에
벌써 낯선 새들이 날아들고
다리통 만한 물고기는 몰려다니던 길을 바꾸었나 보다

처음엔 생각하며 쓰더니
나중엔 쓰면서 생각하는 사람은
하루를 지날 때마다 야위어 가고
생각없이 서 있는 느릅나무는
껍질을 벗겨내도 자꾸만 굵어지는가 보다.

우리 엄마 맘 속을 열어보면

우리 엄마 맘 속을 열어보면
까말 것 같아 까말 것 같아
내가 썩힌 속들이 눌어붙어
까말 것 같아 까말 것 같아

우리 엄마 맘 속을 열어보면
하얄 것 같아 하얄 것 같아
내가 태운 속들이 재가 되어
하얄 것 같아 하얄 것 같아

우리 엄마 맘 속을 열어보면
하얄 것 같아 까말 것 같아
내가 예전에 미처 알았더라면
이런 일은 없었을 것을
내가 예전에 미처 알았더라면
이런 일은 없었을 것을

우리 엄마 맘 속을 열어보면
까말 것 같아 하얄 것 같아.

일 초 밖에 안걸리는데

죄인임을 고백하는데
일 분도 안걸리는데
주님 앞에 나오기 까지
너무 오랫동안 망설였습니다

감사합니다 라고 하는데
일 초 밖에 안걸리는데
감사를 느끼기까지
너무 오랜 시간이 필요했습니다

하나님을 아버지라 부르는데
일 초도 안걸리는데
아버지를 인정하기 까지
너무 오랫동안 주저하였습니다

사랑하는 아들이라 부르시며 죄 용서 하시고
다시는 죄 짓지 말라실 때
아멘 하는데
일 초도 안걸리는데
참 오랜 시간을 빙 빙 돌아서 왔습니다

정말 한삼한 일이지요
그래도 감사할 뿐 이지요
알게 하셨으니까요
아멘 하는데
일 초도 안걸린다는 것을.

한산섬 달 밝은 밤에

날렵한 몸매에 붉은 갑옷 두르고
쭈욱 쭈욱 긴 목 내빼고 선 소나무
고개 향하는 남쪽 바다
여태도 기다리는 긴 기다림
긴 칼 곧추세우며 외치는
긴 호령 소리에 맞춘 북 소리

오늘도 칼 집에 든 채
숨 고르고 있다.

제3부

삐삐 판타롱

빨강 긴 갈래머리 팔랑이는
알록달록 삐삐 판타롱 양말을 신고 뛴다
환갑 먹은 중늙은이가
한참동안 마당을 걷다가 뛰다가
어쩌나, 이를 어쩌나
퍼질러 앉아 운다

삐삐가없어졌다아삐삐가없어졌다
삐삐가없어졌다삐삐가없어졌다아

빨강 긴 갈래머리 팔랑이며 뛰어가던
하율이가 보이지 않는다.

낙타를 그리다가

등 굽은 낙타를 그리다가
혹이 하나였던가
혹이 둘이었던가
아무리 생각해도 기억이 안나
주인 기다리며 꿇은 무릎에
혹이 있기는 한지
혹이 없는 건지
아무리 생각해도 기억이 안나
등을 굽히고 무릎을 꿇어본다

핑 돌던 눈물이 마구 쏟아진다
등 굽은 낙타는 혹이 없다
주인 기다리며 꿇은 무릎으로
옮겨간 혹이 보인다.

은행 털이범

배당은 꿈도 못꿀 일이다
특별 수당도 없다
그래도 턴다
잘못 배운 습관처럼
매년 요맘 때 쯤이면
동구 관내에 있는
은행이란 은행은 죄다 턴다
기계처럼 정해진 동작으로
차량들 사이로 쏜살같이 털고 간다

황금알은 언제 봐도 탐난다

하지만,
집으로 돌아가는 길
처진 주머니 마다 돈 냄새가 난다
한 푼도 쓸 수 없는 돈 냄새가 난다

아내에겐 미안 하기만 하다
그래도 아직 털 은행이 남았으니
다행이기도 하지만.

누구나 한 번쯤

한 번쯤 그랬을 수도 있겠지
한 번쯤 그럴 수도 있지

눈길 주었을 수도 있겠지
눈길 줄 수도 있지

나쁜 마음 먹었을 수도 있겠지
나쁜 마음 먹을 수도 있지

한눈 팔았을 수도 있겠지
한눈 팔 수도 있지

그러게,
지나간 세월 속에서야
한번 쯤 그랬을 수도 있겠지

여태도 그리운 사람

하늘이 너무 무거워
볼 수가 없어
손가락 끄탱이로 쿡 쿡
찔러나 보다가
눈물샘 이라도 터질라나

가끔씩
꽃 눈이라도 뿌려준다면
이따금씩
눈 꽃이라도 흩뿌려 준다면
어쩌다가
꽃비라도 내리기라도 한다면

마냥 걷다가 지칠 무렵
따뜻한 커피 한 잔으로
머리를 쓸어 넘기면서
더 넓어진 이마를 문지른다

아,
그 사람
여태도 그리운 모양입니다.

접붙힘

작은 가지 끄탱이 하나가
팔에 찰싹 달라붙더니
내 삶을 송두리째 바꾸어 놓았다.

내 마음 아신다면

저 멀리 떨어져 있어서
오랫동안 보지 못하여
얼굴이 아물거려도
잊혀진 이름처럼 때로는
잊고 지내다가도
내가 아플 때 마다 생각나는
그 이름
진해 동부교회 이은순 시인

분명 나 보단 더 오래 아팠으니
누님이라 해도 좋다더니
아프지 말고 올도록 보자시더니
더아프단 소식에
내 마음도 아프네요

아프지 마셔요
예수님도 내 마음 아신다면
더 이상 아프지 않게 하실텐데
일어나셔요
탈리타쿰!

사람이 되라고

아이를 만나면 말을 건넨다
무얼 하고싶냐고
무엇이 되고 싶냐고

우린 그랬다
아무도 묻지도 않았다
아무도 가르쳐 주지도 않았다
그냥 공부만 잘하라고 했다
그러다 괴물이 되었다
괴물이 낳은 자식들도 괴물이다

이래서는 안된다
그래서
만나는 아이에게 말을 건넨다
넌 무얼하고 싶으니?
넌 무엇이 되고 싶으니?
머리 조아리는 아이에게
방법을 알려준다

더 이상
괴물이 되지 말라고
사람이 되라고.

아버지의 등

열 살 쯤 인가
아버지와 함께 간 목욕탕
한참을 물에서 놀다가
들이 댄 등
때를 줄 줄 말아 밀어주고서
아들도 한 번 밀어 보라며
손에서 빼주던 이태리타올
헐렁 헐렁 밀었는데
땀이 난다
어이, 시원하다며 물을 끼얹어 달라시던…

그 후론 본 적 없는
아버지의 등

아들에게 아직
한 번도 보여지지 못한
내 등도 그 등 닮았을까.

문득, 문득

길 가다가
문득,
버스 타고 가다가
문득,
열차 타고 가다가
문득,
울다 웃는 아이 얼굴 보다가
문득,
꽃을 보다가
문득,
늙은이 주름살 보다가
문득,

거울 속 내 얼굴 보다가
문득,
하늘 보다가
문득,
눈물이 왈칵 쏟아진 적 있나요

그럼,
괜찮아요
잘 살고 있네요.

시듦에 대하여
sur la fletrissure

시 오흥국 / 번역 이정현

아무도
거들떠보지 않는다
Personne ne prete attention

무엇을
준비하고 있는지.
A ce qu'elle prepare.

해

한 번도 제대로 볼 수 없고
단 한 번도 만져볼 수 없는
너무나도 먼 곳에 있는

하지만
언제나 내 삶을 어루만지시는
당신의
따사로운 손길이
참 좋습니다.

Le soleil

번역 이정현

Ce que je ne peux jamais voir dorrectement,
ce que je ne peux jamais toucher une seule fois,
ce qui est si loin d'ici,

mais
ta tendre main,
qui console toute ma vie sans cesse,
je l'aime vraiment.

엉덩이로 깔고 앉은 별

여지껏
하늘에만
별이 반짝이고 있는 줄 알았다

여지껏
몰랐었다
깔고 앉은 풀 속에
무수한 별들이 있었음을

눈이 밝아져
아래를 보고서야 알았다
그 많던 하늘의 별
엉덩이로 깔고 앉았음을.

나도 당신을 사랑할 수 있을까요?

시인이 화가에게

그림 제법 잘 그리는 동무가 있다
보는 사람들 마다
포근하다
평안하다
사랑스럽다 한다

나는 참 오래 전부터
그 동무를 안다
첫 시집 표지를 부탁했고
온통 그림으로 포장을 했다
턱 하니 집 가운데 벽에다 걸어놓아
고개만 들면 보인다
'사랑으로'

사랑
그래, 그게 제일이지.

박주가리

푸른 하늘 날고파
날개를 훔쳤다
갇힌 어둠 속에서

하늘 문 열리는 날
하염없이 날겠다
뿌리없는 꽃이 되어.

꽃은

산들에 피는 꽃은
하늘만 바라고

화분에 피는 꽃은
주인만 바라고

가늘어지는 이유

머리카락 끝이
가늘어지는 이유를 압니다
쏟아지는 빗물을
그대로 흘러 내리려 함을

나무 가지 끝이
가늘어지는 이유를 압니다
하늘 향해 곧게 서기 위함인 것을

눈썹 끝이
가늘어지는 이유를 압니다
퐁퐁 솟는 눈물을
매달아 내리기 위함임을

손가락 끝이
가늘어지는 이유를 압니다
더 작고 작은 것을
집기 위한 것임을

하지만
내 마음 끝이

자꾸만 가늘어지는 이유는
여태도 잘알지 못합니다
그러기에 오늘도 마음 갈 길 묻습니다
주님 인도하소서.

우체통

조그만 손에 들린 편지
말없이 웃으며 받아주던
빨간 원피스 아가씨

어느새
현숙한 숙녀가 되어
수줍은 청년이 건네주는 편지
받아주며 말없이 웃기만 할 뿐

여태까지 단 한 번도 읽어주지 않아도
다 알고 있다는 듯
웃으며 말없이 받아줄 뿐

중늙은이가 되어 찾아온 날
환히 웃으며 반가이 맞이하는
낡은 분홍 블라우스

분명,
그녀는 편지를 읽고 있다.

詩香

빛그림 전시장에서 돌아온 지
벌써 반년인데
둘 자리 없어 뭉쳐둔 詩畵 더미에서
타다 남은 소나무 향 여태도 짙다

하루하루 지날수록 곰삭은 내음 더해가는데
나이 먹은 이 더위에 지쳐 흘리는
쉰내 나는 땀냄새보다야 났겠지

한더위 지나면 얼른 내다 걸어야겠다
가을바람에 詩畵 포올포올 날리게.

잊혀진 계절

잊어버린 꽃 이름
뇌리에 익숙한 향기
어렴풋한데

잃어버린 새 이름
귀를 세우고 둘러보아도
콧노래 소리마저 흔들리는
바쁜 출근길이다

가뭇가뭇 기억이 날듯도 한데
그냥 지나쳐가자
눈 어두우니 어찌할 도리가 없다

추억으로 남겨진 채로
잊힌 것들이
잃어버린 것들이
더 아름다워지는 계절
7월 아침이다.

오늘 같은 날

바람이 불고 비가 오는
한여름 오늘 같은 날

노랑비옷을 입고
우산도 쓰고
목이 긴 장화를 신고
호기롭게 나서는 골목길
두려울 것이 없어라

도로를 지나던
큰 차에서 튀긴 구정물 한바탕

단번에 기가 꺾여
우산도 잊은 채
뒤돌아 뛰어들어 오던 골목길
차암 길기도 하여라

비가 오고 바람이 부는
한여름 날
뛰어 들어오는 아이가 보인다
어렴풋이

짧은 여행

어쩌면
흐르는 낙동강 물보다 더 느린
열차가 달리던

차창을 때리는 장대비에도
뭐가 그리 좋은지 덩실덩실 춤을 추는
철길 따라 심기운 가로수
사이사이에 선 전주는
여태도 그제나 변함이 없는데
손 안에서 오가는 세상 소식은
참 야속하기도 하다

1310 무궁화 열차
왔던 길 되돌아가니
흔적마저 지워지고
오랜 벗이 손에 쥐어준 찻잔만
허리춤이 허전하게 달렸어라.

그리움

부쩍 반찬투정이 늘었다
싱겁네 짜네
제맛이 나네 안나네
시큼털털한 총각김치가 먹고 싶고
시원한 열무김치도 먹고 싶다느니

엄마손맛이 그리운 거지
그래, 엄마가 보고픈 거지

그러고 보니 벌써 여름이네
지워지지 않는 감물처럼
그리움 물드는.

인동처럼

누가 알았나
내가 늙을 줄

은이야 금이야 해도
소용없는 걸 누가 알았나

시들어 떨어지면
그만인 것을

새 순 돋을 땐
그 조차도 몰랐어라

그나마 뿌리 있으니
새봄 기약하네.

젖니

예순이 넘어
맛난 소고기 씹다
애지중지하던 젖니가
분질러졌네

안타까움에
아쉬움에
허전함에

비싼 돈 들여 심은 인공니
얼마 지나지 않아 닳고 틈이 벌어져
고기도 나물도 참깨도 끼여
참말로 성가시다
어쩌면 좋아

아직 몇 남아 겨우
생명 유지하고 있는 젖니

엄마,
어쩌면 좋아.

제4부

빨랫줄

공사장에서 얻어온 전깃줄
화단 울타리도 치고
덜렁거리는 문고리도 매고
모종삽 고리도 만들고
남은 줄로
이쪽 벽 귀퉁이에서 저쪽 모서리까지
길게 매달았더니 영락없는 빨랫줄이다

보기 싫다고 당장 걷으라고

걷은 줄 공사장에 가져가니
둘둘 말려 쓰레기통에 처박히고 만다

무안하기도 하고
서운하기도 하고

빨랫줄로는 딱인데…

달팽이 식당

잠시 들렀다 가는 이들이
많이도 말을 걸었나 보다
달팽이식당 사장은 말이 참 빨라졌다
십여 년이 되도록 자라지도 않고
멀리 가지도 못하고
여태도 그 자리에 있는데

하늘을 더듬어 집을 찾는 詩人은 민달팽이
반갑게 맞이하는 주인은 집달팽이

푹 익힌 메밀면 세 덩어리
한잔 술 가득한데
샐러드 한 접시까지 더하여

이미 오래전부터
한강 달팽이는 채식주의자라는
詩 수다를 널어놓다 보니
벌써 배가 부르다

계산하려 건네던 카드가
접시에 미끄러져 빠지고

가난한 시인의 것이라
국물을 우려낼 것도 없을 텐데
국물은 못 만들어도 간은 되겠지요

되돌아오는 카드가 묵직한걸 보니
잔술값은 제하였나 보다

교동 그림창고에 달팽이도 살만한지
다음을 기약하고
젖어오는 하늘 걷으며
식당을 나선다.

비오는 오월 아침

비 오는 오월 아침
창을 열고
손 내밀어 손을 씻습니다
물을 모아
눈도 씻어 봅니다
혹여,
손처럼 눈도 말끔히 씻길까 하여

오월 아침
비 오는 창을 열고
고개 내밀어 하늘을 봅니다
안개비 속에서
환하게 웃는 님 얼굴 보일까 하여

창을 열고
비 오는 오월 아침
말갛게 빗어진 마음으로
강 건너 은행나무 숲을 봅니다
연두가 초록으로 덧입었습니다
온 세상이 물들었습니다
벌써.

봄 비, 여유속에서

봄비가 내리고
기운을 누르는 기후통에
그냥, 사라져버린 안마예약
비어버린 시간 메우려 산책을 나서다

작은 수수꽃다리인가
앙증맞은 꽃 무더기 위에도
비가 내린다
무인 카페 앞을 지나
작은 양식 코너
메뉴판을 뚫어져라 들여다보며
서성대는 날 들여 한 잔 커피를 권한다
파스타 좋아하니 먹으러 오겠노라고

되돌아오는 길이
처음 나설때보다 훨씬 수월타

발코니에 심어놓은
비파나무 주근깨 참나리 향기높은 핑크 백합들
오늘 비에 한껏 자라겠다
다음 휴식시간에는
화분도 더 키워야겠다
한여름 소나기 오기전에.

봄비와 바이올렛

하루종일 부슬부슬 내리는
봄비 덕에 눈이 덜아프다
창가에 둔 바이올렛
길 오가는 우산 구경이 한참 재밌는 모양이다

해 저물어 어두워지기 전에
나도 우산이 되어 걸어가면 좋겠다
내일 비 그치고 나면
한껏 뽐낼게다
옷 자랑 몸매 자랑 얼굴 자랑
그래, 실컷 들어줘야지
감사하는 마음으로
사랑하는 마음으로.

소나기

두꺼운 공기층을 깨부수며 달려오는
무수한 발길들이
나를 에워싸더니 어디론가 후다닥 몰고간다
우두커니 섰다 어쩔 줄 모르고 끌려가다 문득,
마주대고 앉은 유년의 따뜻한 등이 기억한다

유난히 흰 그 아이의 목덜미

빼앗긴 기억이 빗줄기가 되어 흐른다
그날처럼.

여유, 0419

모처럼 얻은 여유 시간
언제나 당신을 환영한다는
성당 앞 무인 카페
찬송의 은혜가 흐르고
천원 지폐를 넣고
백원 동전 다섯으로 산 따뜻한 복숭아 티 두 잔

꽃이 지고 난 자리마다
바람이 든다

그래,
개복숭 따기 전에
내 것도 몸 챙겨달라야겠다
비파 열매도 머위뿌리 술도
이참에 비파식초도 보내달라고

버들가지가 긴 머리를 세차게 흔든다
잠을 깨우라고
곧 들이닥칠 안마 손님 맞으러 가자고

여유, 0419
참 오랜만이다.

산불

꽃이 불이 꽃불되고
불이 꽃이 불꽃되어
하늘, 사월을 날고

산등성이 마다
누운 가슴과 가슴은
자꾸만 타들어가고

배고픈 시절 뛰어다니던
골병 든 산 허리 허리 마다
흰 등골이 드러난다

또,
그때처럼 아프다
자꾸만 눈물이 난다.

빛의 부활

스르르 눈이 덮히더니
덜커덩 맘이 닫히고
기어코 입마저 닫히더라

한참동안 주저앉아
한없이 울기만 하다

깊고 깊은 어둠 속에서
깊은 어둠 속을 들여다보다

어릴적 꿈에 보았던
빛을 기억하고서야

비로소
빛이 다시 보이더라.

하늘과 바다는 쌍둥이

바다는
볼때마다 하늘 보고
자기 닮았다 그러고

하늘도
허구헌날 바다 보고
자기 닮았다 그러고

그럼,
하늘과 바다는 누굴 닮았지

그야, 당연히
만드신 이 마음 닮았지
쌍둥이니까.

詩를 낳는 가슴

어디에선가
읽지도 못하는 책들을
자꾸만 보내온다

투욱
던져놓는 소리가
참 아프다

써놓은 詩들을 찾지못해
어디론가 보내지 못하고
자꾸자꾸 쌓여만 가는데
쉬지않고 뛰는 가슴은
오늘도
뜨거운 詩를 낳는다.

감사의 노래

좌우 분간 못하는
혹독한 편견입니다
한 발 앞도 내다보지 못하는
지독한 근시안입니다
게다가
단추구멍 만큼이나
시야가 좁습니다
그나마 보이는 것이 모두 다 안개속입니다

그래도
그 눈 속으로 들여지는
빛으로 비추니 세상이
너무나도 아름답기만 합니다

그러니
얼마나 감사한 일인지 모릅니다

그래서
시인은 오늘도 노래합니다
아름다운 세상을 만드신이에게 들려줄
감사의 노래를

작은 생각

손을 내밀면 바로 잡히는
책상위에 가지런히 놓인
어줍잖은 작은 소품을
눈 어두운 이에게는
삶의 통로로 연결하는
소중한 기억의 열쇠다

소담한 바구니를 사다주며
담아놓고 쓰면 좋겠다고 한다
순간,
머리 속 좌우에서 일어나는 지진
아, 아, 안돼!

일 다녀오면 나 없을 때
깨끗하게 정리될 책상 위
바구니에 정리되어 담기면서 버려질
기억의 조각난 퍼즐을 생각만 해도 벌써,
아, 안돼!

선뜻 나서지를 못하고 망설이다
내가 다녀와 담을테니 그냥 두시면 좋겠소

몇 안되는 소품을 어떻게 담을까
머리를 갸웃거리며 나서는 현관으로
3월 햇살이 든다
오늘도
평강이 함께하시니 감사합니다.

가는 2월에게

야!
벌써, 2월이 간다네
뭐가 그리도 바쁜지
두엇 날짜도 빼먹고

온통, 가지에 꽃뭉치
둘둘 뭉쳐서 내걸고
홀로 분명히 간다네

그래, 조심히 잘가게
가다 춘삼월 보거든
어디 실없는 꽃샘추위는
산봉우리에 버리고 오라 하시게
그냥, 따사로운 햇살 뒤따라
살며시.

간헐천

용솟음쳐오르던 내 그리움
어느샌가 사그라든줄 알았습니다
아주 오랜 시간 동안

하지만,
가슴이 마를때마다
불숙 불쑥 터지는
눈물은 그냥,
눈물인줄 알았습니다

한참 후에야 알았습니다
모두가
은혜의 바다를 사모하는
그리움의 강이었음을

꽃 나그네

그냥,
왔다 가십니다

내가,
알든 모르든

그런데,
고운 향기가
집안 가득합니다

어느새, 다녀가셨나 봅니다
날
사랑하시는 님.

치매

하나 둘
잊고 사는
연습을 하다가

둘 셋
지워내는
능력이 생겼다.

생선가게에서

고양이가 장사하는
생선가게에서
속는 법을 배우려다
속이는 법을 터득하게 되고

나중에는
나도모르게
속이며 팔게 되더라.

떠날 때마다

가자!
이제 일어서야할 때다
앉은 자리 털고
먼 길 떠날 채비 해야할 때다

가부좌 틀고 앉은 민들레
고개를 탈탈 흔든다
먼저 길 나서게
곧 따라잡을테니

길 떠날 때마다 그렇듯
먼저 나서라고
대머리만 저으며
그대로 앉았던 민들레

도착하면
언제 왔는지 벌써,
꽃자리 펴고 앉아
어서 오라
성근 머리 흔들고 있다.

등대

설맞이 하러
멀리 오가는 손님
길잡이 하느라
밤새 물어뜯긴 발가락
손꼽아 세고 섰다.

꽃이

설령, 꽃이
가지에서 떨어져
시들지라도

설사, 꽃이
꽃잎 되어 흩날리어
마를지라도

본디, 꽃이
꽃이었음을
모를리 없음이니

분명, 꽃이
꽃 피울 것을
염원한다.

나 그리고 그대

저 산을
가슴에 품을 줄 아는
나는 물방울.

산을 가슴에 품은 사내를
공중에 매달 줄 아는
그대는 풀잎.

幸福한 詩

눈 어두워져 못 본 새
난분서 자란 어린 소나무
아파 신음하는 소리도 못 들었더니
고향 바다 위 섬으로 갈란다
허어 허어
하늘 향해 기어코
발 내딛고 선 풍란
아직은 오리무중
여태 싹 틔우지 않은 비파 종자
살짝 살짝 파 보니
그래, 뿌리 살찌우기에 한창이다

참 미안타
서로를 위안하며 버티고 살자
산에도 가고 섬에도 가고
작은 일도 하다가
비파 소리 들리는 나무 그늘에 앉아 쓰자
그래,
사람 마음 읽어 울리는
幸福한 詩.

작은 공간

소리 높여 휘파람 불고
흥얼흥얼 콧노래 하고
기억나는 가사가 있어
나지막이 읊조릴
작은 마당 딸린 공간이 있어
언제라도 돌아볼 꽃밭

아그작 사그작 달팽이
갉아먹는 잎사귀 소리
너울너울 나비춤추는 물잠자리
나 몰래 뒤척이는 풀벌레소리 들리는
작은 공간 하나 있으면

누구라도 찾아오면
차 한잔 내놓고 詩 수다 나누며
곤한 어깨 주물러줄 수 있는데…

평설

절망의 현실을 희망의 현실로

김홍식(목사 · 시인 · 평론가)

"시적 의지와 대중적 율조가 만들어 낸 향연
시의 힘은 절망의 현실을 희망의 현실로 바꾼다"

1. 들어가면서

오흥국 시인을 떠올리면 가장 먼저 떠오르는 어휘가 있다. 그의 문학적 의지가 보여주는 희망과 용기란 어휘다.

그의 시를 읽어보면 그에게는 청천벽력같은 일이 일어났다. 어느 날 아침 그의 눈에서 아내의 얼굴이 사라졌다. 목소리는 들리는데 눈에서는 아내의 얼굴이 보이지 않는 것이다. 보통 사람이라면 대개 실망하고, 낙심하고, 절망속으로 깊이 빠져서 헤어나지 못했을 것이란 생각이 든다. 희망과 낙망은 빛과 어둠 만큼이나 그 차이가 다르기 때문이다.

희망은 힘의 촉진제가 되지만 낙망은 힘의 감소제가 되기 때문이다. 우리의 가슴속에 희망의 등불이 켜져 있으면 우리는 삶의 용기를 가지게 되고, 활동의 의욕을 가지게 된다. 그러니까 희망이란 어휘는 우리 삶에 힘을 안겨주는 것이다. 한마디로 희망은 마음이 살아서 꿈틀이는 것을 말하는 것이다. 마음이 죽으면 모든것이 죽고 마는 것이다. 그래서 희망은 마음이 살아서 움직이는 것이고, 낙망은 마음이 죽은 것이다.

종교개혁들 이룩한 마틴 루터는 그의 설교집 『희망』을 통해서 "희망은 강한 용기요, 새로운 의지다"라고 했다.

그는 계속해서 말한다.

"가난이 슬픈 것이 아니다, 희망이 없는 것이 슬픈 것이다, 부정부패가 두려운 것이 아니다, 국민이 희망을 잃는것이 두렵다, 지도자는 우리의 마음속에 희망을 심어주는 사람이다. 성공하는 사람은 언제나 가슴속에 희망의 등불을 켜는 사람이다. 위대한 인물은 희망으로서 낙망을 이겨낸 사람이다"라고 갈파했다.

선자는 오흥국 시인의 등단 과정과 그 이후의 문행을 눈여겨 보아온 사람으로서 감동을 받은 것이 한 두번이 아니다.

그의 문학적 열정은 참으로 남다르다. 시각장애의 어려움을 안고 있으면서도 그의 문학적 의연한 진군은 멈추지 않았다. 대구 파티마 병원에서 첫 번째 시화전이 열렸다. 단숨에 달려간 선자는 놀라지 않을 수 없었다. 그 규모에 놀랐고, 참여자들의 협조에 놀랐고, 그의 열정에 놀라지 않을 수 없었다.

그의 시화전은 보통 사람들의 자기 과시적 시화전과는 차원이 달랐다. 새로운 의지의 신념을 선자는 그의 작품을 통해서 또 한번 읽어 낼 수가 있었다. 그리고 그의 시화전에 참여한 사람들의 면면을 살펴보면서 선자의 가슴속에도 한아름 감동이 일어났다. 그의 시화전에는 오흥국 시인과 같은 삶의 큰 문제를 안고있는 '시각장애인시동호회' 회원들이 함께 동참하고 있었기 때문이었다. 그들의 얼굴에는 하나같이 웃음이 떠나지 않고 있었다. 나누는 대화를 통해서도 그들은 하나같이 웃고 있었다. 어두운 면은 찾아 볼 수가 없었다. 선자의 가슴속에 "아! 이것이 문학의 힘이다"란 생각이 들었다.

대구 파티마병원에서의 시화전을 시작으로 그의 시화전은 계속 이어졌다. 그의 시화전은 그가 살고있는 대구광역시를 벗어나 여러지역으로 펼쳐 나갔다. 참으로 놀라운 일이 일어났다. 시화전도 시화전 이지만 그의 문단 활동도 끊임없이 이어지고 있었다.

한국순수문학의 대표문학지인 《문예운동》을 통해서 등단한 이후 청하문학회와 서울詩壇, 한국문협, 경남기독문인회, 시인촌, 영축문학회, 한국기독교문학을 대표하는 쉴만한물가, 대구기독문인회 등을 비롯한 여러문학단체에 소속되어 그의 작품활동도 열정적으로 이어지고 있었다. 그의 열정적 詩作 활동은 경남기독문학상 수상을 시작으로 이번에는 청하문학상을 수상하는 영광을 안게 되었다. 참으로 경하하지 않을 수 없는 일이다.

2. 평설

오홍국 시인의 시는 그의 작품 속에 대표적으로 담겨있는 긍정적 의지가 그 특징이라 할 수 있다. 그러면서 그의 시 속에는 누구나 쉽게 접할 수 있는 대중성이 자리하고 있다. 여기서 선자가 말하는 대중성이란 오홍국 시인의 작품의 성향과 관련된 것으로 그의 시는 대중 즉 누구나 쉽게 읽고, 감상하고 즐길 수 있는 시라는 점이다.

오 시인의 시는 이해하기 힘든 어려운 어휘의 나열이 아니다. 그런가 하면 결코 미사여구를 선호하지 않는다. 또한 시는 길게 나열하지 않는 것이 특징이다. 하나같이 연과 행이 길지 않다. 짧은 것이 특징이다. 오 시인의 시는 독자에게 짧기 때문에 계속 읽게 만든다. 독자에게 눈의 피로를 덜어준다.

때로는 공감하게 해주고, 또 때로는 안타깝게 하고, 동참하게 한다. 「작은 씨알 하나가」를 보아도, 「해당화」「소나기」「그리운 얼굴」「그리운 날에는」「시인의 동네」「해」「강가에서」「청춘이구나」 등의 시들도 하나같이 10행 이내의 시들이다.

오흥국 시인의 시 속으로 들어가 볼 차례다.

"작은 씨알 하나가"를 살펴보자. 이 시는 4연 12행의 서정적 자유시다. 작은 씨알 하나를 테마로 정해놓고

1연 풀꽃이 피고/ 꽃밭이 되고/

2연 꽃나무가 되고/ 작은 공원이 되고/

3연 큰 나무가 되고/ 숲 속 학교가 되고/

4연 시가 되어 자라고/ 빛 그림 시화전이 되고... (작은씨알 하나가 일부)

이 시는 오 시인의 감각적 언어의 율조가 돋보이는 시다.

작은 씨알 하나가 "풀꽃이 되고, 꽃밭이 되고, 꽃나무가 되고, 숲 속 학교가 되고, 시가 되어 자라고, 빛 그림 시화집이 되고…. 앞서 언급 했듯이 감각적 언어의 율조에 자연스런 정서의 흐름이 빛그림 시화집으로 마무리 되고 있다. 말하자면 시적 심상의 구성이 "빛 그림" 이라는 어휘로 그 특징이 요약되어 있다는 점이다.

이어지는 시는 「해당화」란 시다. 6행의 짧은 시 속에는 서정성이 가득 담겨져 있다. 우리가 시 중에서도 서정성이 높은 시에 감동하게 되는 이유가 있다. 그것은 시가 언어의 예술성을 담고 있기 때문이다. 해당화를 두고 "눈물로 붉어진 찔레꽃, 푸석푸석 솜털가시 속에는 마른 바다내음 가득하

다"로 마무리 하고 있다.

해당화를 '붉어진 찔레꽃'으로 비유하여 표현했고, '푸석푸석 솜털 가시와 마른 바다내음 가득하다'로 마무리 하고 있다. 언어 자체의 감각적 심상을 도입, 연결하여 명료하게 마무리 된 부분이 뛰어난 작품이다.

「그리운 얼굴」을 살펴 본다. 3연 10행의 서정시다. 이 시는 오 시인의 뇌리에 가득 담겨있는 그리운 사람에 대한 심상의 시적 표현이 담긴 시다. 오 시인의 자아의 깊은 내면에서 우러 나오는 비애의 정감을 매우 섬세한 율조의 언어로 형상화한 시다. 우리 삶에서 또는 내 생애에 있어서 잊을 수 없는 얼굴이 존재하고 있다는 것은 시인에게 있어서는 큰 행복이 되는 것임을 일깨워 주는 시라 할 수 있다. 오흥국 시인의 시 중에서 「그리운 사람」과 「그리운 날에는」 「삶의 무게」 「삶의 무게 2」 「여태도 그리운 사람」 「아버지의 등」 등의 시들도 맥락을 같이하고 있는 시들이다.

앞서 언급한 시들은 슬픔이나 눈물, 그리움과 같은 시어들이 연과 행에 등장하고 있다. 하지만 오 시인의 시에서는 이러한 슬픔, 눈물, 그리움과 같은 시어들이 균제된 표현으로 정감의 섬세한 감각이 돋보이는 시들이다.

이러한 섬세한 표현의 감각은 오흥국 시인이 갖고 있는 시적 언어의 감각을 살려내는 돋보이는 조형이라 할 수 있다.

김소월 시인의 시에서 느낄 수 있는 율조를 오흥국 시인의 시 「그리운 얼굴」 「그리운 날에는」 「아버지의 등」에서 찾아볼 수 있다는 점이다. 오 시인의 "그리운 날에는"을 보면

그리움이 흔들리는 날
꽃씨를 심습니다

먼 곳에 있는 사슴을 찾아

여행을 갑니다
찰진 햇살 머무는 곳
새 소리 들리는 곳으로

수양버들 일렁이는
강 언덕에서
그리움이 방황 하는 날
여행을 갑니다"

—「그리운 날에는」 전문

이 시 그리운 날에는 중심 테마가 '그리움이 흔들리는 날」 즉 '그리움이 방황하는 날'이다. 흔들리고 방황함이 중심 테마가 된다. 흔들리고 방황하는 이 감각적 이미지를 통해 그리운 날을 부각시켜 놓고 있는 것이다.

그런가 하면 오흥국 시인의 시 중에는 위트 넘치는 시가 있다. '조약돌이 산에게'라는 시다. '바닷가 작은 조약돌이 개울 옆의 작은 돌과 산을 보고 말했다. 내가 이래뵈도 옛날엔 네 뒤에 있는 큰 산만 했단다' 짧고 쉬운 시어를 동원하여 위트 담긴 시를 빚어낸 것이다.

시 속에는 풍자와 유머, 이러한 위트가 담겨있는 시를 독자들은 좋아한다. 독자들은 이러한 시들을 읽으면서 공감도 하고, 때로는 격분도 하고, 때론 웃으면서 시를 통해 희노애락을 즐기기도 하는 것이다.

하지만 아쉬운 점은 근간 우리 시에는 이러한 유머와 위트, 풍자가 담긴 시들을 찾아보기 어렵다는 점에서 아쉬움이 있는 것이 사실이다. 하지만 오흥국 시인의 시에서 이러한 시를 접할 수 있다는 점이 매우 만족스럽다.

다음으로 등장하는 시는 「아내의 향기」란 시다.

혹 여나 / 그대 마음 여 닫는 소리 / 미처 못 들을까봐 /

철마다 달리 피는 꽃 / 화분에 심었더니 / 오늘도 / 꽃 향기 방안에 그윽하다/ 이 시의 전개는 아내에 대한 오 시인의 시적 표현이다.

상태와 동작이 구체적으로 드러나는 시다. 시적 의미를 형성하는 중심이 되는 것은 "꽃 향기 방안에 그윽하다"는 표현이다. 이러한 표현은 곱고 아름다운 아내에 대한 감사와 고마움이 담겨있는 천진하고 순수한 시적 표현임을 알 수 있다.

이어지는 시는 「꽃이라서 좋다」란 시다.
이 시 역시 '아내의 향기'와 맥락을 같이하고 있는 시다.

"꽃이라서 좋다
처음 본 순간처럼
그 모습 그대로 지워져서
그냥 좋다
하나, 둘, 셋
마음 흩날리는
꽃잎이 아니라서
더욱 좋다
가끔씩 아주 가끔씩
보고픈 얼굴
떠 올릴 수 있어서
차암 좋다
동백 꽃이라서"

– 「꽃이라서 좋다」 전문

이 시에서 보여주고 있는 언어적 감각이나 이미지는 아내의 향기와 다를 바가 없다. 사용된 시어들이 하나같이 천진하면서 순수한 시어들이다. '그냥 좋다' '더욱 좋다' '차암 좋다' 등의 시어들에서 친밀성과 심정적 요소가 가미되어 있고 말미에 아내를 향해 '동백꽃 이라서'란 1행으로 한 연을 마무리한 점도 눈여겨 보아야 하는 부분이다. 자연친화적 이상향

이 동백꽃 속에 담겨져 있는 것이다.

다음으로 오흥국 시인의 현실 직시의 시를 살펴볼 차례다. 이른바 '가난 증명서'란 시다. 이 시는 현실 직시의 시 로서 4연 12행의 자유시다.

> 아무것도 없는데 그 없는 걸 증명하란다
> 잔고증명
> 거래내역서에는 떨어지는 눈물 방울
> 숫자에 얼룩진다
> 수수료 낼 돈도 없는데
>
> –「가난 증명서」 전문

인간은 환경의 산물인 동시에 환경 또한 인간의 산물이다. 인간이 환경을 만들고 환경이 인간을 만드는 것이다. 창조력이 강한 사람은 환경에 지배를 받는 면 보다도 환경을 능동적으로 지배하는 면이 많다.

하지만 창조력이 약한 범인凡人은 환경을 지배하는 면 보다는 환경의 지배를 받는면이 더 많아지게 되는 것이다. 소위 말하는 환경의 지배력이 그 사람의 크냐 작으냐를 판단할 수 있게 하는 것이다. 우리는 환경의 지배를 받기 보다는 환경을 지배하면서 살아가는 존재가 되어야 한다. 오 시인은 이 시를 통해서 현실에 대한 아쉬움을 토로하고 있다.

하지만 오 시인은 가난 증명서를 통해 시적 공간의 설정을 통해 어둡고 고통스런 현실을 고발하면서, 현실의 억압을 통찰하고 있음을 알 수 있게 해 준다.

연결되는 시는 「우리 엄마 맘 속을 열어보면」 이란 시다. 3,4조의 율을 유지 하면서 4연 16행으로 마무리 하고 있는 이 시는 정형적 자유시다. 1연에서 4연 까지 "우리 엄마 맘 속을 열어보면"을 반복적으로 사용하고 있다. 의문문을 반복적으로 사용하면서 시를 마무리 하고 있다. 세상의 모든 일에는 다 때가 있다. 어머니의 삶을 생각하면서 내가 태운 속들이, 내가 썩힌 속들이 눌러붙어 있음을 반문하고 있다.

또 한편의 시「나도 당신을 사랑 할 수 있을까요」는 시인이 화가에게 보내는 시다.

"그림 잘 그리는 동무가 있다.
첫 시집 표지를 부탁 했을 때 망설이지 않았다
참 고마운 동무다..."

–「나도 당신을 사랑 할 수 있을까요」 전문

그런데 우리는 이 정겨운 어휘 '동무'를 잃어 버린지 오래 되었다. 이념 때문이다. 여기서 이념을 논하는 것은 적절치 않기에 생략하겠지만 이 정겨운 어휘 '동무'를 되찾았으면 하는 바람이 있다.

'나도 당신을 사랑할 수 있을까요'를 대하면서 세삼 생각하게 된다. 파스칼은 "이성은 인간의 놀라운 빛이다. 이 이성은 사고와 비판과 창조의 기능을 갖는 정신의 기본능력 중 하나다. 이성은 공정하고 냉철해야 한다"라고 말했다. 오흥국 시인은 말하고 있다.

"보는 사람마다
포근하다, 평안하다
사랑스럽다 한다
나는 참 오래전 부터
그 동무를 안다"

–「나도 당신을 사랑할 수 있을까요」 전문

이어지는 시는 "꽃은"이라는 제목의 시다.
산, 들에 피는 꽃은 하늘만 바라고

화분에 피는 꽃은 주인만 바라고

2연 4행의 짧은 서정시 이지만 깊은 의미기 담겨져 있는 시다. 우리는 주어진 인생을 살면서 의미있는 말을 해야 한다. 의미있는 행동을 하고, 의미있는 삶을 살아가야 한다. 왜냐하면 우리 인간은 의미를 추구하는 존재이기 때문이다. "의미의지(will to meaning)"를 갖고 살아가야 하는것이 인간이기 때문이다.

사람살이는 그렇다. 이상을 찾고, 사랑하려는 인간을 찾고, 자신의 정열을 쏟을 수 있는 일을 찾아야 하는 것이다. 오흥국 시인의 이 네 줄의 짧은 시가 주는 의미는 '하늘' 과 '주인'은 다른 말로 '진리'로 바꾸어도 좋다는 생각이 들었다. 사람이 진리를 찾는 다는 것, 삼라만상이 하늘을 바라는 것은 존재의 의미를 찾는 말로 대변할 수 있다.

「시향」이란 시를 살펴보자. 오 시인은 '빛 그림 시화전'을 여러차례 열었다. 일정 기간이 끝나면 시화들을 걷어서 갈무리 해둔다. 그래서 그는 말한다.

시화의 더미에서
타다 남은 소나무향
여태도 짙다
한 더위 지나면
얼른 내다 걸어야 겠다
가을 바람에 시화
포올포올 날리게

—「詩香」 전문

그의 빛 그림 시화전에 대한 열정이 담긴 시다.

진리는 밖에 있지 않다. 내 마음속에 있는 것이다. 자신의

주체성을 잃어버리면 안되는 것이다.

오흥국 시인의 시화들이 한 더위 지나 낙엽이 떨어질 즈음 가을 바람에 '빛 그림 시화전'이 열려 시의 향기가 포올포올 온 누리에 퍼져 나가게 되기를 기원한다.

3. 결어

이상으로 오흥국 시인의 작품들을 평설해 보았다. 오 시인의 청하문학상 수상의 소식은 참으로 당연한 결과란 생각이 들었다. 《문예운동》을 통해서 등단한 그의 시인의 길은 참 성실했다. 참 부지런 했다. 참 열정적이 있다. 시집의 발행과 함께 이어서 들려오는 소식은 시화전 소식이었다. 문제는 그의 시화전은 1회에서 끝나는 것이 아니었다. 지역을 옮겨가면서 열리는 그의 시화전은 사람들을 놀라게 했다. 그의 열정이 만들어 낸 결과였다. 이러한 열정을 가진 오흥국 시인에게 '청하 문학상은 당연한 귀결'이란 생각이 든다. 그를 몹시도 아껴 주셨던 청하 선생님의 안온한 웃는 모습이 떠오른다.

사람들은 말한다. 철학을 가리켜 필로소피아(Philosphia)라고 일컫는다. 지혜(sophia)를 사랑한다(philo)는 뜻이다. 많은 사람들이 인생의 지혜를 추구하고 진리를 탐구해 왔다. 그들이 도달한 지혜와 진리의 내용은 그들마다 다른 것이 사실이다. 그러나 인생의 참을 찾을 수 있는 목표만은 변함이 없는 것이 사실이다. 프랑스의 계몽 사상가 보테르의 말이 떠오른다. "선의 실천은 성공하는 사람의 공통점이다" 오흥국 시인은 시인의 사명감에 투철한 시인이다. 그에게는 남다른 문학의 열정이 있다.

시각의 상실, 청천벽력같은 아픔도 그의 시에 대한 열정을 막을 수 없었다. 그는 절망의 현실을 희망의 현실로 시의 힘을 빌려 이겨내고 있다.

그에게는 든든한 후원자가 있다. 기독문학을 지향하는 그의 중심에 든든한 후원자가 말없이 지켜보면서 격려하고 있다. 그의 빛그림 시화전은 또 하나의 날개가 되고 있다. 훨훨 날아가게 하고 있다. 그는 문학을 통해서 그 문학의 실천을 통해서 인생의 참을 찾고, 선을 행하려고 노력하고 있는 것이다. 평설을 마무리 하려는데 또 한사람 든든한 후원자의 얼굴이 떠오른다. 앞에서, 곁에서, 뒤에서 잔잔한 내조로 큰 힘이 되어주고 있는 그의 부인의 얼굴이 떠오른다. 조그만한 새 한마리가 앉아도 갈대는 부러질 수 있다.

하지만 오 시인의 부인은 흔들리지 않고, 조용한 지원군이 되어주고 있다. 오흥국 시인과 그의 아내와 그의 자녀들에게 그리고 오 시인의 시를 접하는 모든 독자들에게 파스칼의 팡세 제4장 단장에 나오는 문구를 선물로 드리면서 평설을 마무리 하고자 한다.

"모든 위대한 것, 모든 진실한 것은 정신의 깊은데서 스스로 우러러 나오는 것이다."

서울詩壇 시선 268

키밍아웃

초판인쇄 2025년 11월 15일
초판발행 2025년 11월 20일

지 은 이 오 홍 국
발 행 처 문예운동사
등 록 2007년 11월 21일 제2007-000052호
주 소 서울시 서대문구 서소문로27 (충정리시온) 423호
전 화 (02) 312-5817
전 송 (02) 363-5816
이 메 일 skj907@hanmail.net / skj908@hanmail.net
홈페이지 http://cafe.daum.net/munyaeundong

책 값은 뒷표지에 있습니다.
저자와의 협약에 의해 인지는 생략합니다.

ISBN
이 도서의 국립중앙도서관 출판예정 도서목록(CIP)은 서지정보 유통지원 시스템홈페이지(https://seoji.nl.go.kr)와 국가자료 공동목록 시스템(https://www.nl.go.kr/kolisnet)에서 이용하실 수 있습니다.